DECLARATION

DV ROY VERIFIEE EN la Cour de Parlement, les grand' Chambre, Tournelle, & de l'Edict, assemblées pour la descharge des pieces & procez, tant indecis que iugez pour les Aduocats & Procureurs d'icelle Cour, leurs vefues, enfans, heritiers, ou ayant cause d'eux, auec l'Arrest de ladicte Cour sur icelles, & autres Arrests en consequence.

A PARIS,

Chez Nicolas Rousset Libraire, tenant sa boutique en la grand'salle du Palais.

M. DC. XXV.

DECLARATION
DV ROY,

ENRY PAR LA GRACE
DE DIEV ROY DE
FRANCE ET DE NA-
VARRE, A tous ceux qui
ces presentes lettres ver-
ront, Salut. La Communauté des Aduocats & Procureurs de nostre Parlement,
Nous a humblement fait remonstrer que
dés leur ieunesse, estans nourris & esleuez
en la discipline, correction & censure des
mœurs qui se fait en l'assemblee qu'ils
font entr'eux deux fois la sepmaine, & en
l'exemple & seuerité de nostre Iustice pu-
blique, laquelle reluit & esclaire par tout
le monde : la fidelité a tousiours esté si
grande parmy eux, & la foy du depost si
saincte & inuiolable, qu'au lieu qu'en la
pluspart des autres compagnies d'Aduocats & Procureurs ils ne communiquent

A ij

les vns aux autres les pieces de leurs parties, que foubs la feureté reciproque de
leurs recepiſſez, ou inuentaires de com-
munication, & qu'il fe trouue encores or-
dinairement entr'eux des plaintes de la
perte d'iceux. Eux feuls entre tous font en
poſſeſſion depuis l'eſtabliſſement de no-
ſtredite Cour de Parlement de fe bailler
de bonne foy les vns aux autres les pieces,
tiltres, obligations, chartres, cedules, bre-
uets & autres enfeignemens, de quelque
poids & confequence qu'elles foient, fans
autre feureté, inuentaire, ne recepiſſé, que
de leur fimple promeſſe verbale, fans qu'il
foit memoire que iamais il en foit aduenu perte, faute, ou accident quelconque.
Et combien qu'à plus forte raifon l'on ne
puiſſe prefumer que pour tout le bien du
monde pas-vn d'eux vouluſt de mauuaife
foy retenir ou interuenir les facs, inftan-
ces, ou productions des parties, dont ils
font chargez par leurs recepiſſez, ou fur
les regiſtres des Huiſſiers ou autres, comme auſſi iufqu'à prefent cela n'eſt iamais
aduenu. Toutesfois d'autant que l'exerci-
ce de toutes autres actions foient perfon-

nelles, mixtes, ou reelles se trouuent bor-
nees, & le cours de leur vie limité par les
prescriptions introduites par les loix &
coustumes. Et qu'au contraire la pour-
suite de la restitution desdits sacs & pieces dont ils se trouueroient chargez
n'est point reiglee, bien que tous lesdicts
procés & instances soyent de leur nature
sujettes à estre peries & esteintes par le
seul silence & discontinuation des pro-
cedures de trois ans. Et que les sacs &
productions desdictes parties soient sujettes à passer partant de diuerses mains.
Sçauoir est, des Iuges, des Greffiers, des
Huissiers, des Aduocats & Procureurs
de toutes les parties qui sont en cause, &
de ceux qui interuiennent, qu'il soit quasi
impossible que anparauant le jugement
ils puissent longuement croupir entre les
mains des Procureurs, ny pareillement
des Aduocats : & apres l'Arrest donné
outre ce qu'ils sont inutils, les parties sont
assez diligētes de les faire retirer, ou pour
la taxe de leurs despens, ou pour le recou-
urement de leurs pieces. Toutesfois parce que lesdits exposans sont le plus souuēt

forcez par contraintes rigoureuses, &
crainte des emprisonnemēs qui leur sont
faicts, ou par les Iuges ou par les Huissiers,
ou par la violence & importunité des
parties ou Solliciteurs, de rendre prom-
ptement lesdits sacs & pieces, sans auoir
les Registres des autres Huissiers, sur lesquels ils en sont chargez pour faire rayer
leurs noms, & n'ont moyen de retirer sur
l'heure leurs recepissez, proposans de ce
faire incontinant descharger. Dont ils
sont plus souuent destournez pour l'occasion des affaires pressez & importans
qui leurs suruiennent de moment en moment, soit parce qu'ils sont mandez aux
Chambres ou à la Barre pardeuant les
Commissaires, ou pour respondre aux si-
gnifications importantes qui leur sont
faictes par lesdits Huissiers. Qui fait que
par leur oubliance ou negligēce de leurs
Clers ou des Solliciteurs, ou autres sur
lesquels ils s'asseurent & reposent le plus
souuent, encores que les sacs soient ren-
dus & les procez iugez, ils se trouuent
chargez, & en danger par la malice des
parties d'estre ruinez, ensemble leurs fem-

mes & leurs enfans. Et plus encores en ce temps que iamais : D'autant que la pluf-part defdits Aduocats & Procureurs ayás efté contrainɗs pour noſtre feruice ſor-tir de noſtrediɗe ville de Paris, leurs mai-ſons ont efté abandonnées en proye , a l'inſolence des gens de guerre, garniſons, & du menu peuple qui les ont pillees & rauagees, & bruſlé leſdits procez, tiltres & enſeignemens. Pour la reſtitution deſ-quels, ſi l'action eſtoit indefinement re-ceuë, eux, leurs femmes & enfans ſeroiēr ruinez. Au moyen dequoy leſdits expo-ſans nous auroient tref-humblement ſup-plié & requis ſur ce leur pouruoir de re-medes conuenables.

P o v r c e   e s t - i l , que nous deſi-rans ſubuenir à noz ſubieɗs ſelon les oc-currances & l'exigence des cas , & auſſi traicter fauorablement leſdicts expoſans en ce qu'il nous ſera poſſible pour l'affe-ɗion qu'ils ont touſiours demonſtrée au zele de noſtre feruice & de la Iuſtice, & d'abondant exciter les parties à ſe rendre plus diligens à faire rendre leurs ſacs & pieces, les retirer quand leurs procez ſe-

ront iugez: & par ce moyen arrester le
cours desdictes poursuittes, à l'occasion
desquelles lesdicts exposans ny leurs femmes & enfans, ne se peuuent asseurer du
fruict de leurs labeurs, ayans aussi esgard
que nostre Cour de Parlement a desia limité le temps de la poursuitre & recherche des sacs pour leur regard, & de leurs
vefues & enfans, à trois ans, & donné plu-
sieurs Arrests, tant en faueur desdits exposans, que Procureurs de nostre Chastelet
& autres: par lesquels auparauant les troubles elle a limité le cours de ceste action,
qui doit estre restraint, veu la misere & ca-
lamité des troubles.

A CES CAVSES & autres à ce nous
mouuans, Nous auons dit & statué, de-
claré & ordonné, Disons, declarons &
ordonnons par ces presentes que doresna-
uant lesdicts Aduocats & Procureurs de
nostredite Cour de Parlement à Paris,
leurs vefues, enfans & heritiers & autres
ayans droit d'eux, ne pourront estre pour-
suiuis, inquietez, ny recherchez directe-
ment ny indirectement, soit par action
principale de sommation ou autrement

en quelque sorte & maniere que ce soit,
la restitution des sacs, pieces, procez, instances & productions des parties, dont
ils sont & se trouueront chargez sur les
registres des Huissiers, ou autres, ou par
leurs recepissez, cinq ans auparauant que
l'action soit meüe & intentee contre eux,
leursdites vefves, enfans, heritiers, ou autres ayans droict d'eux. Lesquels cinq ans
passez à compter du iour & datte de leurs
recepissez, Ladite action sera & demeu-
rera nulle, esteinte & prescrite, & telle la
declarons dés à present comme pour lors
apres cinq ans passez, soit pour leur regard
ou autres qui à leur occasion en pourroiēt
estre recherchez, & pretendroient auoir
recours contre eux. Et à ceste fin voulons
que pour l'aduenir tous lesdits Aduocats
& Procureurs qui se chargeront des pieces des parties, soient tenus en leurs recepissez, à costé ou au bas de leurs seings,
mettre sur les Registres le iour & an auquel ils se sont chargez. Si DONNONS
en mandement à nos amez & feaux Con-
seillers les gens tenans nostre Cour de
Parlement à Paris: Que de nos presentes

lettres de declaration, vouloir & intentiõ,
vous faites, souffrez & laissez iouïr & vser
plainement & paisiblement lesdits Aduocats & Procureurs de nostredite Cour de
Parlement, & leursdites vesues, enfans &
heritiers, selon & ainsi que dessus est dit,
cessans & faisans cesser tous troubles &
empeschemens à ce contraires: Car tel est
nostre plaisir. Donné à S. Germain en
Laye, le 11. iour de Decembre, l'an de grace mil cinq cens quatre-vingts & dixsept,
Et de nostre regne le neufiesme.

Signé   RVSE'.

*Regiſtrées ouy le Procureur general du Roy, pour
iouyr par les impetrans de la descharge des procez
indecis, & nos iugez dix ans apres qu'ils en seront
chargez & des iugez cinq ans, & iouyront leurs
vesues, enfans, heritiers, ou autres ayans droict d'eux
de ladite descharge, pour le regard des procez tant
iugez qu'indecis, cinq ans apres le deceds desdits Aduocats & Procureurs. A Paris en Parlement le quatorziesme Mars 1603.*

Signé   VOISIN.

Extraict des Regiſtres
de Parlement.

VEV par la Cour, les grand'
Chambre, Tournelle, & de
l'Edict aſſemblées, les lettres paten-
tes du vnzieſme Decembre quatre
vingts dix-ſept, ſignées ſur le reply
par le Roy, RVSÉ, & ſcellées de ci-
re iaulne, par leſquelles inclinant à
la ſupplication de la communauté
des Aduocats & Procureurs, ledict
Seigneur veut & ordonne, qu'eux,
leurs vefves, enfans, heritiers &
ayant droict d'eux ne ſoient d'o-
reſnauant recherchez & pourſuiuis pour la reſtitution des ſacs dót
ſe trouueront chargez cinq ans a-
uant l'action, à compter du iour de

leurs recepiſſez. Sur leſquels regiſtres ſeront tenus eſcrire le iour
qu'ils ſe ſeront chargez,demeurant
apres leſdits cinq ans l'action ex-
tainte,ainſi qu'au long contiennét
leſdites lettres : Requeſte par eux
preſentee à ladite Cour, à fin d'entherinement d'icelles concluſions
du Procureur general du Roy.
Tout conſideré, LADITE COVR a
ordonné & ordonne que leſdictes
lettres ſeront regiſtrees,ouy le Procureur general du Roy,pour iouyr
par les impetrans de la deſcharge
des procés indecis & non iugez, dix
ans apres qu'ils en ſeront chargez,
& des iugez cinq ans , & iouyront leurs vefves , enfans & heritiers, ou autres ayant droict d'eux
de ladite deſcharge pour le regard
des procés tant iugez qu'indecis,
cinq ans apres le deceds deſdicts

Aduocats & Procureurs. Fait en
Parlement le quatorziefme Mars
mil fix cens trois.

Signé   VOISIN.

Extraict des Regiſtres de Parlement.

NTRE Iean Sauua-
ge, & Ieanne Roy ſa
femme, heritiers de
Marie Moreau ſon
ayeule, demandeurs
en Requeſte du tré-
tieſme iour de Iuin dernier, d'vne
part : Et Maiſtre Guillaume Sirejean, Procureur en Parlement, deffendeur d'autre. VEV par la Cour la
Requeſte des demandeurs, à ce que
la ſurſeance de contrainte de rendre par le deffendeur le procés d'i-
celle Moreau contre Marie Four-

my, auquel estoient les sacs, productions, tiltres & enseignemens d'i-
celle Moreau, & duquel procés a-
pres le iugement d'iceluy, le defen-
deur se trouuoit chargé sur le regi-
stre de l'Huissier Cordelle, fust le-
uée, & condamné rendre & repre-
senter les sacs d'icelle Moreau, sinó
és dommages & interests desdicts
demandeurs : Deffences dudit de-
fendeur, qui disoit estre de verité
chargé dudit procés dés l'an mil six
cens, apres l'Arrest donné sur iceluy
le quinziesme Iuin mil cinq cens
quatre-vingts seize, & que se trou-
uant ledit procés perdu & adhiré,
comme il est, il n'en pouuoit estre
recherché, attendu le long-temps
& la Declaration du Roy verifiée
en ladicte Cour le quatorziesme
Mars mil six cens trois, par laquelle
les Aduocats & Procureurs en icelle,

leurs vefves & enfans, heritiers &
autres ayant droict d'eux ne pou-
uoiét eſtre pourſuiuis & inquietez
en quelque ſorte & maniere que ce
fuſt pour la reſtitution des ſecs, pieces, inſtances & productiós des parties, dont ils ſe trouueroient chargez ſur les Regiſtres des Huiſſiers
ou autres par leur recepicez cinq
ans auparauant l'action contr'eux,
leurſdites veuſves, enfans & heritiers ou autres ayans droicts d'eux-
meſme, & intenter, aptes leſquels
cinq ans demeureroit toute l'actió
nulle , eſtainte & preſcrite : Ap-
pointement en droit & productiós
des parties, où entr'autres pieces
eſtoit ledit Arreſt du 15. Iuin 1597.
Requeſte preſentée par la communauté des Aduocats & Procureurs de ladicte Cour le 29. Iuillet
audit an, pour ſe joindre auec ledit
Sire-

Sirejean, & demander comme luy
à estre côseruez en la grace & con-
cession à eux octroyee par le Roy,
employans les deffences & production dudit Sirejeã, icelle requeste
signifiée aux demandeurs, & mise
au sac : Conclusions du Procureur
general, auquel l'instance auroit
esté communiquée, apres que ledit
Sirejean pour ce mandé, a iuré n'a-
uoir ledit procés, & ne delaisser par
dol ou fraude de l'auoir. Et tout
consideré, LA COVR ayant aucune-
ment esgard à la requeste presen-
tée par la communauté des Aduocats & Procureurs, & en côsequen-
ce de la Declaratiõ du Roy, a mis &
met les parties hors de Cour & de
procés sans despens. Enjoint néat-
moins ausdits Aduocats & Procureurs d'estre curieux & soigneux
des sacs, pieces & productions des

C

procés dont ils seront chargez. Prononcé le 4. Octobre 1614.

Signé GALLARD.

Extraict des Regiſtres de Parlement.

ENTRE M. Iean Nau, Procureur en la Cour, demandeur en requeſte du 19. Auril dernier, d'vne part, & Charles Comte d'Eſcars, deffendeur d'autre. VEV par la Cour ladite requeſte, tendant à fin qu'il fuſt ordonné en conſequence des arreſts & reglemens d'icelle, que ledit Nau demeureroit deſchargé de la repreſentation de cinq ſacs produits pour François d'Eſcars, Baró de Meruille ſa partie, cótre Iacques Comte d'Eſcars, iugez en la cinquieſme chambre des Enqueſtes,

au rapport de M. Bernard de Fortias, par arreſt du 25. Iuin 1611. & de
luy par ledit Nau retirez ſoubs ſon
recepicé du 5. Feurier 1612. auec deffences audit Charles Comte d'Eſcars, de pourſuiure, ny contraindre
ledit Nau à la reſtitution d'iceux:
Procés verbal des 29. & 30. dudit
mois d'Auril audit an, du Cóſeiller
à ce commis, pour ouïr & regler les
parties, par lequel par vertu du de-
fault contre ledit Comte d'Eſcars,
il auroit ordóné que ladite requeſte, procés verbal, & ce que bó leur
ſébleroit, ſeroit mis pardeuers luy,
& acte de l'affirmation dudit Nau,
auoir fait exacte recherche deſdits
cinq ſacs, leſquels il n'auroit peu re-
couurer en tous ſes ſacs, papiers &
recepiſſez: Que par dol & fraude il
il ne delaiſſoit de les auoir & repre-
ſenter. Pieces & productions deſdi-

res parties. Declaration du Roy du
11.Decembre 97. verifiée en ladicte
Cour le 14. Mars 1603. ledit Arreſt
du 25. Iuin 1611.Pourſuittes faites,&
côtraintes obtenuës par ledit Comte d'Eſcars deffendeur du 12. Auril
dernier contre ledit Nau,de rendre
leſdits cinq ſacs. Tout conſideré,
DICT a eſté, que ladite Cour ayant
eſgard à ladite requeſte,apres l'affirmation dudit Nau, l'a deſchargé &
deſchargé,ſuiuant le reglement d'i-
celle, de la repreſentation des cinq
ſacs iugez,par luy retirez de M.Ber-
nard de Fortias Conſeiller en icelle
par recepiſſé du 5.Feurier 1612.a fait
& fait inhibitions & deffences audit Charles Comte d'Eſcars & tous
autres, faire aucunes pourſuittes
pour raiſon de ce,& à tous Huiſſiers
de mettre aucune contrainte à exe-

cution contre ledit Nau, à peine de
nullité, caſſation, dommages & in-
tereſts, ſans deſpens. Prononcé le
trezieſme iour de May mil ſix cens
vingt-deux. Signé GALLARD. Et
plus bas eſt eſcrit.

L'an mil ſix cens vingt-deux, le
vingt-troiſieſme iour de May, fut le
preſent ſignifié & baillé coppie à
M.   Ogier, Procureur de
partie aduerſe en ſon domicile, par-
lant à Claude Chieruiere ſon Clerc.

Signé   BOTHEREAV.

Extraict deˢ Regiſtres de Parlement.

ENTRE M. Simon Gorlidot,
Procureur en ladite Cour, demandeur à l'entherinement d'vne
requeſte par luy preſentee le dixié-
me Ianuier mil ſix cens dix-neuf, à

ce qu'en consequence de l'Edict &
Arrest de verificatió du quatorzié-
me Mars mil six cens trois, par lequel apres dix ans, les Aduocats &
Procureurs des parties sont des-
chargez des procés dont ils se trouueront chargez, attendu qu'il y a
plus de dix ans qu'il se trouue chargé vers M. François de la Vau Con-
seiller, du procés dont est questió,
d'entre Iean de Baruille & Damoi-
selle Marie de S. Martin sa femme,
appellants d'vne sentence donnée
par les gens tenans les Requestes
du Palais, d'vne part, & Iean de Baruille Cheualier sieur de Ligeruille,
inthimé d'autre, estant en vn sac,
qui est la production dudit de Baruille. Apres l'offre qu'il a faite d'af-
fermer qu'il n'a & ne delaisse à auoir
par dol ou fraude ledict procés
d'vne part, & Charles de Cambray

Cheualier sieur de Rangulle, & Ieã
d'Estud Cheualier, sieur d'Aubris-
set, à cause de Catherine & Louyse
deBaruille leurs femmes, heritieres
de deffunct Iean deBaruille leurpe-
re, reprenãt le procés au lieu dudit
deffunct Iean de Baruille deffen-
deurs d'autre. Gorlidot Procureur,
pour ce dispencer de plaider, Adict
qu'il y a dix ans qu'il est chargé d'vn
procés, duquel l'on demande la representation, & qui se trouue adhe-
ré, dont a requis estre deschargé
soubs la faueur des arrests, attendu
qu'il n'y a de mauuaise foy. Pour le
deffendeur, a dit qu'il s'en raporte à
la Cour d'ordonner de la representation, & luy estre permis de refaire
leurs productions. LA COVR apres
que Gorlidot s'est purgé par ser-
ment, & qu'il n'a le procés dont
l'on demande la representation, ny

par dol ou fraude delaiſſe de l'a-
uoir, l'en a deſchargé & deſcharge,
& a permis & permet aux parties
faire refaire les productions ſur les
pieces énoncees au veu de la ſen-
tence. Fait en Parlement le neufieſ-
me Feurier mil ſix cens vingt-qua-
tre.

Signé   DV TILLET

www.ingramcontent.com/pod-product-compliance
Lightning Source LLC
LaVergne TN
LVHW010237060726
842519LV00014B/1252